Segunda guerra Mundial

Lisa Zamosky y Wendy Conklin, M.A.

Créditos de publicación

Asesora de Historia
Shannon C. McCutchen

Editora
Torrey Maloof

Directora editorial
Emily R. Smith, M.A.Ed.

Editora en jefe
Sharon Coan, M.S.Ed.

Directora creativa
Lee Aucoin

Director de ilustración
Timothy J. Bradley

Editora comercial
Rachelle Cracchiolo, M.S.Ed.

Teacher Created Materials

5301 Oceanus Drive
Huntington Beach, CA 92649-1030
http://www.tcmpub.com
ISBN 978-1-4938-1667-5
© 2016 Teacher Created Materials, Inc.
Printed in China

Índice

Misiones secretas y superbombas

El 7 de diciembre de 1941 comenzó como cualquier otro tranquilo domingo en Hawái. Las personas se levantaron e iniciaron su día. De repente, el mundo cambió para siempre. Cientos de aviones japoneses comenzaron a bombardear la base militar de EE. UU. en Pearl Harbor. El terrible ataque sorpresa duró casi dos horas. Murieron más de 2,400 personas. Y dejó casi 1,200 personas heridas.

Antes de este día, la guerra en Europa parecía lejana para las personas de Estados Unidos. Pero la Segunda Guerra Mundial no

solo se combatía en Europa. También había un enemigo en el Pacífico. Cuando los japoneses atacaron Pearl Harbor ese día, el mundo quedó atónito.

A los estadounidenses, este día los empujó hacia una guerra mortal. Para el mundo, hizo estallar el comienzo de una era **nuclear**. Los científicos crearon bombas que destruyeron ciudades enteras. Estas superbombas no tuvieron piedad ante nadie, ni siquiera niños inocentes. La Segunda Guerra Mundial fue una guerra terrible y cruenta. Cambió la vida de millones de personas alrededor del mundo.

Después del ataque, se hundieron cinco acorazados. Otros tres fueron dañados. Y muchos otros barcos necesitaban ser reparados.

El emperador japonés, Hirohito dirigió a Japón hacia la guerra contra Estados Unidos.

Cambio de lado

Cuando Alemania invadió Polonia desde el oeste, la Unión Soviética la invadió desde el este. Pero en junio de 1941, Alemania invadió la Unión Soviética. El líder soviético, Joseph Stalin, cambió de bando durante la guerra. Los soviéticos comenzaron a combatir junto a las fuerzas armadas aliadas contra Alemania.

Otros líderes del mundo

Hitler no era el único líder que quería gobernar el mundo. Otros hombres como el emperador Hirohito de Japón y Benito Mussolini de Italia sentían lo mismo. Hitler y estos líderes hicieron un **pacto**. Eran los líderes de las Potencias del Eje.

Benito Mussolini condujo a Italia hacia la Segunda Guerra Mundial.

Cómo comenzó la guerra

Adolf Hitler era el líder de la Alemania **nazi**. Quería expandir Alemania. En 1938, anunció un plan. Fusionó su país natal, Austria, con Alemania. Pronto, las banderas nazis ondeaban en toda Austria.

Luego, Hitler decidió tomar Checoslovaquia. Imprimió mentiras en los periódicos alemanes que decían que los alemanes eran maltratados en ese país. Le recordó al público que antes de la Primera Guerra Mundial, Checoslovaquia era parte de Alemania. Nadie objetó, por lo que su ejército también tomó ese país.

Hitler quería tomar toda Europa y parecía que el mundo iba a permitírselo. Enseguida, planeó atacar Polonia. Esta vez, Gran Bretaña y Francia objetaron. Le advirtieron que esto comenzaría una guerra, pero Hitler creía que ellos no lo detendrían.

El 1.º de septiembre de 1939, Hitler invadió Polonia y comenzó la Segunda Guerra Mundial. Hitler destruyó la capital polaca. Esperaba que esta fácil victoria asustara a los británicos y franceses. Hitler les ofreció una oportunidad de paz. Ellos la rechazaron. Esta vez, Hitler había llegado demasiado lejos.

Adolf Hitler era un orador emotivo y poderoso. Eso lo ayudó a ganar el control en Alemania.

The New York Times, 1.º de septiembre de 1939

The New York Times.

EXTRA

Partly cloudy and somewhat warmer today. Tomorrow generally fair with moderate temperature.

Copyright, 1939, by The New York Times Company.

VOL. LXXXVIII...No. 29,805. NEW YORK, FRIDAY, SEPTEMBER 1, 1939. THREE CENTS

GERMAN ARMY ATTACKS POLAND; CITIES BOMBED, PORT BLOCKADED; DANZIG IS ACCEPTED INTO REICH

BRITISH MOBILIZING

Navy Raised to Its Full Strength, Army and Air Reserves Called Up

PARLIAMENT IS CONVOKED

Midnight Meeting Is Held by Ministers—Negotiations Admitted Failure

Bulletins on Europe's Conflict

London Hears of Warsaw Bombing

LONDON, Friday, Sept. 1 (AP).—Reuters British news agency said it had learned from Polish sources in Paris that Warsaw was bombed today.

French Confirm Beginning of War

PARIS, Friday, Sept. 1 (AP).—The Havas news agency said today that official French dispatches from Germany indicated that "the Reich began hostilities on Poland this morning."

HOSTILITIES BEGUN

Warsaw Reports German Offensive Moving on Three Objectives

ROOSEVELT WARNS NAVY

Also Notifies Army Leaders of Warfare—Envoys Tell of Bombing of 4 Cities

FREE CITY IS SEIZED

Forster Notifies Hitler of Order Putting Danzig Into the Reich

ACCEPTED BY CHANCELLOR

Poles Ready, Made Their Preparations After Hostilities Appeared Inevitable

Hitler Acts Against Poland

HITLER GIVES WORD

In a Proclamation He Accuses Warsaw of Appeal to Arms

FOREIGNERS ARE WARNED

They Remain in Poland at Own Risk—Nazis to Shoot at Any Planes Flying Over Reich

DALADIER SUMMONS CABINET TO CONFER

News of Attack on Poland Spurs Prompt Action — Military Move Thought Likely

BRITISH CHILDREN TAKEN FROM CITIES

3,000,000 Persons Are in First Evacuation Group, Which Is to Be Moved Today

Hitler Tells the Reichstag 'Bomb Will Be Met by Bomb'

Chancellor Vows 'Fight Until Resolution' Against Poland—Gives Order of Succession As Goering, Hess, Then Senate to Choose

Por qué mantenerse al margen

En la actualidad, las personas pueden preguntarse por qué al principio Estados Unidos se mantuvo al margen de la guerra. Después de todo, Estados Unidos ayudó a Gran Bretaña y a Francia a ganar la Primera Guerra Mundial. Y Estados Unidos creía en la democracia. Entonces, ¿por qué no se alarmó cuando **dictadores** como Hitler llegaron al poder?

De hecho, muchos estadounidenses estaban alarmados por estos dictadores. Pero algunos líderes del Congreso pensaban que Estados Unidos debería mantenerse al margen de todas las guerras. Estas personas eran **pacifistas**. Sentían que su buen ejemplo estimularía a que otros apoyaran la paz. Otros sentían que Estados Unidos debía mantenerse alejado. No querían involucrarse en otra guerra europea. Estas personas se conocían como **aislacionistas**. No consideraban importante mantener un ejército fuerte.

Sin embargo, el presidente Franklin Roosevelt no estaba de acuerdo. Le preocupaban los dictadores como Hitler. Estados Unidos había permitido que su ejército se redujera. Roosevelt sabía que tenía que reconstruir el ejército para defender a Estados Unidos. No iba a permitir que los dictadores tomaran su país libre.

Los aislacionistas hablan con los miembros del Congreso. No querían que Estados Unidos fuera a la guerra.

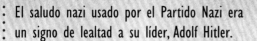

El saludo nazi usado por el Partido Nazi era un signo de lealtad a su líder, Adolf Hitler.

Programa de Préstamo y Arriendo

Estados Unidos envió armas y otros materiales a Gran Bretaña y sus aliados. Esto era parte del Programa de Préstamo y Arriendo. Y el presidente Roosevelt quería que un ejército estuviera listo, por si acaso. Entonces, el Congreso de EE. UU. comenzó un **reclutamiento** para formar un ejército.

Líder en contra de la guerra

Jeannette Rankin fue la primera mujer miembro del Congreso de EE. UU. Era una pacifista que consideraba que Estados Unidos no debía ir a la guerra. Apareció en los titulares en 1916 cuando votó en contra de que Estados Unidos participara en la Primera Guerra Mundial. Después del ataque a Pearl Harbor, Rankin volvió a votar en contra de la guerra. Dijo: "Como mujer no puedo ir a la guerra, y me niego a enviar a alguna otra persona". Ella fue la única miembro del Congreso que votó en contra de la guerra.

Aliados contra las Potencias del Eje

Había dos lados en la Segunda Guerra Mundial. Alemania, Italia y Japón estaban de un lado. Se conocieron como las Potencias del Eje. Por el otro lado, estaban Gran Bretaña y Francia. Juntos, estos países se conocieron como los Aliados. La Unión Soviética y Estados Unidos se unirían a los Aliados más adelante en la guerra.

El símbolo de Hitler

En 1920, Hitler dijo que el Partido Nazi necesitaba su propia bandera. Sobre esta, eligió colocar el símbolo de una **esvástica**. Es un símbolo muy antiguo. Antes de que los nazis lo usaran, significaba vida, buena suerte y poder.

Los alemanes usaron una táctica llamada **ataque relámpago**, o guerra relámpago, contra los británicos y franceses. El plan era que primero los aviones alemanes lanzarían muchas bombas sobre los enemigos. Luego, el ejército alemán avanzaría con tanques. Este ataque relámpago tomó por sorpresa a Gran Bretaña y Francia. Los alemanes comenzaron a bombardear fábricas de aeronaves británicas y campos de aviación. En tan solo dos semanas, los Aliados comenzaron a huir. Francia tuvo que **rendirse**. Hitler sabía que solo Gran Bretaña quedaba en su camino para conquistar Europa. Hitler ofreció un trato a los británicos. Su líder, Winston Churchill, lo rechazó. Y comenzó la batalla de Gran Bretaña.

Las batallas fueron aéreas entre aviones alemanes y británicos. Noche tras noche, los alemanes lanzaban bombas en ciudades británicas. Más de 40,000 británicos murieron. Pero sabiendo que eran la última esperanza, los británicos se negaron a rendirse. Para mayo de 1941, Hitler sabía que había perdido la batalla de Gran Bretaña. Los aviones de Hitler no pudieron mantenerse a la par de la Fuerza Aérea Real de Churchill. Por el momento, Hitler tuvo que dejar de lado sus planes de gobernar Gran Bretaña.

Los pilotos de combate podían identificar los aviones alemanes por las gruesas cruces pintadas en sus aeronaves.

Londres sufrió graves daños por los ataques aéreos alemanes.

Sir Winston Churchill, su hijo Randolph y su nieto Winston

Las terribles decisiones de Hitler

Mientras tanto, las victorias de Hitler a lo largo de Europa infundieron temor a las personas de todo el mundo. En los países controlados por Alemania, todas las personas judías tenían que usar la **estrella de David**. Eso facilitaba que la policía secreta de Hitler los agrupara y llevara a los **guetos**. Los guetos estaban atestados con más personas que llegaban día tras día. La comida era escasa. Muchas personas judías morían de hambre. Necesitaban ayuda, pero nadie llegó.

Con el tiempo, Hitler comenzó a enviar personas judías a **campos de concentración**. Los nazis separaban a los hombres de sus esposas e hijos. Los prisioneros tenían que trabajar para salvar sus vidas. Muchas personas murieron de cansancio o hambre. Si los prisioneros estaban muy débiles o enfermos para trabajar, eran asesinados. En algunos campos, llamados los campos de la muerte, las personas eran asesinadas sin tener oportunidad de trabajar. Casi seis millones de personas judías murieron en estos horribles campos.

En el frente de la guerra, Hitler hizo un nuevo plan de ataque. Decidió atacar la Unión Soviética. Esto fue en junio de 1941. Hitler sentía que una derrota soviética mostraría a Gran Bretaña que Alemania era imparable.

Hitler creyó que los soviéticos se rendirían fácilmente. Pero el ejército nazi fracasó en derrotarlos antes de que llegara el duro invierno. La terrible lucha continuó durante 1942. En septiembre de 1942, los nazis atacaron Stalingrado, una ciudad soviética. Los nazis ganaron, pero su ejército no tenía protección. Los soviéticos rodearon la ciudad y atraparon a los soldados alemanes.

Sobrevivientes de los campos de concentración

Ataque a los soviéticos

Algunos de los oficiales de Hitler pensaban que atacar a los soviéticos era una mala decisión. Esto había ampliado la guerra a dos frentes. Eso significa que estaban luchando en dos áreas diferentes del mundo. Pero nadie estaba dispuesto a hacer frente a Hitler y decirle que estaba equivocado.

Joseph Stalin lideró a los soviéticos en la guerra.

Prisioneros de Stalingrado

En Stalingrado, 91,000 alemanes se rindieron ante los soviéticos. En los campos soviéticos de prisioneros, 85,000 de ellos murieron.

Los prisioneros alemanes son llevados por las calles de Stalingrado después de su derrota en febrero de 1943.

Los codificadores návajos

Estados Unidos necesitaba un buen **código** durante la guerra. Los indígenas návajos tenían un lenguaje único. Se había transmitido por generaciones. Los soldados de la Marina de EE. UU. pidieron a los návajos que inventaran un código basado en su idioma. Ningún enemigo pudo interpretar este código. Estos son algunos ejemplos de palabras en el código návajo:

    bombardero: jay-sho
    compañía: nakia
    Alemania: besh-be-cha-he
    mayor: che-chil-be-tah-ola
    submarino: besh-lo

Códigos secretos

En la década de 1940, los ejércitos usaban radios inalámbricos para enviar mensajes. Pero las tropas enemigas podían escuchar estos mensajes. Los codificadores návajos pudieron usar estos radios con su código especial. Nadie pudo descubrir lo que estaban diciendo. Por otro lado, Estados Unidos había descubierto los códigos japoneses.

Dos codificadores návajos de la Marina de EE. UU. envían una transmisión por radio en 1943.

Cambio y fuera en Japón

En 1937, Japón invadió China. Esto preocupó y enojó a Estados Unidos. Estados Unidos quería que Japón saliera de China. El presidente Roosevelt dijo a los líderes japoneses que Estados Unidos ya no comerciaría petróleo ni acero con ellos nunca más. Esto impedía que Japón comprara los suministros que necesitaba para combatir en esta guerra.

Japón verdaderamente necesitaba petróleo. El **embargo** al petróleo de EE. UU. causó problemas a Japón. Entonces, Japón decidió tomar otras naciones de Asia Oriental para proveerse del petróleo que necesitaba. Roosevelt sabía que los japoneses harían esto. Entonces, situó bombarderos en Filipinas. Filipinas estaba entre Japón y las naciones con el petróleo que necesitaba. El presidente también envió barcos a una base en el océano Pacífico. Esta base era Pearl Harbor en Hawái. Estas acciones por parte de Estados Unidos frustraron a los japoneses.

El 2 de diciembre de 1941, el gobierno de Estados Unidos envió un mensaje a los líderes militares. Habían **descifrado** un mensaje japonés. Decía que los japoneses estaban planeando un ataque en el Pacífico. Nadie comprendió que este ataque ocurriría en Pearl Harbor. Todos pensaron que sería en Asia.

Hubo muchos incendios en la ciudad de Shanghái (China) después de que los japoneses la bombardearon.

"¡Este no es un simulacro!"

Temprano el domingo 7 de diciembre de 1941, cientos de aviones japoneses esperaban en barcos en el océano Pacífico. Los japoneses querían atacar en el momento justo para causar el mayor daño posible. Sus planes eran bombardear ocho acorazados y muchos aviones en tierra. Su objetivo era Pearl Harbor, una base naval de Hawái. Alrededor de 50,000 soldados estadounidenses trabajaban en las flotas de barcos allí. Este era el grupo más grande de fuerzas armadas estadounidenses en el océano Pacífico.

La primera ola de aviones de combate japoneses comenzó el bombardeo justo antes de las 8:00 a. m. Una segunda ola de aviones de combate arribó cerca de las 8:30 a. m. Los hombres en tierra intentaron responder con disparos. Unos pocos pilotos estadounidenses pudieron subir a sus aviones para volar y combatir. Sin embargo, solo cerca de 29 aviones japoneses se perdieron. Por otro lado, las pérdidas de EE. UU. fueron de 188 aeronaves y 21 barcos. Las bombas japonesas causaron un daño terrible y mataron a más de 2,400 estadounidenses. El ataque completo de Pearl Harbor duró un poco menos de dos horas.

Descodificadores en Washington D. C. habían descubierto que se iba a producir un ataque. Pero no se dieron cuenta de que podría suceder en Pearl Harbor hasta que fue demasiado tarde. Un telegrama desde Washington advirtió: "¡Este no es un simulacro!". El telegrama llegó después de que había terminado el ataque.

¿Qué sabía Roosevelt?

Algunas personas se preguntan si Roosevelt sabía por adelantado que Pearl Harbor iba a ser atacado. Una cosa es segura: este ataque ayudó a que los aislacionistas vieran la necesidad de una guerra.

Rosie, la remachadora

Con tantos hombres que combatían en la guerra, hubo una necesidad de nuevos trabajadores en las fábricas. El gobierno comenzó a publicar carteles donde solicitaba que las mujeres se unieran a la fuerza laboral. "Rosie, la remachadora" fue el más popular de estos carteles. "Rosie" aparece como una mujer estadounidense fuerte y lista para ayudar.

We Can Do It!

POST FEB. 15 TO FEB. 28

WAR PRODUCTION CO-ORDINATING COMMITTEE

¿Qué es la *infamia*?

El presidente Roosevelt llamó al hecho de Pearl Harbor "una fecha que vivirá en la infamia". Quería decir que fue un día horrible que la gente nunca olvidará.

Un gigante dormido

El comandante de la Marina japonesa se preocupó por el ataque a Pearl Harbor. Dijo: "Temo que todo lo que hicimos fue despertar a un gigante dormido". Temía que Estados Unidos declarara la guerra a Japón. Tenía razón.

Un ejército de mujeres estadounidenses

Más de 150,000 mujeres estadounidenses se unieron al ejército durante la Segunda Guerra Mundial. A pesar de que estas mujeres no tenían permitido combatir en la guerra, tenían cargos muy importantes. Algunas mujeres pronosticaban el tiempo, otras eran fotógrafas de la guerra o mecánicas. Otras trabajaban como operadoras de las torres de control, armadoras de paracaídas o miembros de una cuadrilla en vuelos de entrenamiento.

¡Guerra! ¡Guerra! ¡Guerra!

Japón vio su ataque en Pearl Harbor como un éxito. Querían que fuera una sorpresa, y lo fue. Ese mismo día, Japón también atacó otras seis bases británicas y estadounidenses. Filipinas fue una de estas bases. Japón esperaba dejar a Estados Unidos completamente fuera del Pacífico.

Pero los japoneses cometieron algunos errores graves ese día. No bombardearon tres grandes portaaviones de EE. UU. ni importantes tanques de almacenamiento de petróleo. Debido a que estos sobrevivieron al ataque, Estados Unidos podría contratacar. En la actualidad, se cree que el mayor error de Japón fue atacar en primer lugar. La venganza es un motivador poderoso. Unió a los estadounidenses en contra de Japón.

Después de Pearl Harbor, parecía que todos estaban ansiosos por declarar la guerra. Al día siguiente, Estados Unidos y Gran Bretaña declararon la guerra a Japón. Solo tres días después, Alemania e Italia declararon la guerra a Estados Unidos.

Buques de transporte como estos llevaban a las tropas estadounidenses al Pacífico.

Esta foto muestra la explosión del destructor USS *Shaw* durante el ataque japonés a Pearl Harbor.

Campos de internamiento

Después de Pearl Harbor, una cosa triste les ocurrió a algunos estadounidenses de origen japonés. Guardias armados los forzaron a dejar sus trabajos, hogares y familias. A los guardias se les ordenó llevarlos a campos. En total, hubo cerca de 110,000 personas enviadas a los Centros de Reubicación de Guerra. Estos campos también se llamaron **campos de internamiento**. Alrededor de dos tercios de las personas enviadas a estos campos eran **ciudadanos** estadounidenses de origen japonés. Fueron obligados a vivir detrás de cercas de alambre de púas. Vivían en lugares **inadecuados**. Muchos prisioneros murieron porque no tenían médicos que los atendieran.

A los estadounidenses de origen japonés solo se les permitió llevar a los campos artículos personales pequeños que pudieran cargar.

El hecho más estremecedor de todos es que esto ocurrió en territorio estadounidense. El ataque a Pearl Harbor asustó a las personas. Los estadounidenses creían que los japoneses iban a atacar la costa oeste. Algunos estadounidenses se preocuparon porque pensaron que los japoneses que vivían en Estados Unidos podrían ser espías de Japón. No importó que estas personas fueran inocentes. El presidente firmó una orden para obligar a los japoneses que vivían en la costa oeste a irse a estos campos.

Los prisioneros permanecieron en estos campos durante mucho tiempo. Algunos permanecieron cuatro años hasta que los campos se cerraron. No tenían abogados que defendieran sus derechos.

Espías

Durante la guerra, ningún estadounidense de origen japonés fue capturado espiando. El gobierno encontró culpable de **espionaje** a 10 personas. Todos eran estadounidenses blancos.

El Congreso pide disculpas

En 1988, el Congreso aprobó la ley de libertades civiles. Decía que "se cometió una grave injusticia" con los estadounidenses japoneses. Envió a cada víctima $20,000 por su sufrimiento.

El presidente Ronald Reagan firma la ley de libertades civiles de 1988.

General Douglas MacArthur

El general Douglas MacArthur fue uno de los más conocidos líderes de la Segunda Guerra Mundial. Era muy seguro de sí mismo y sabía que podía ganar la guerra. Fue muy exitoso en sus batallas usando bombarderos y aviones de combate para apoyar tropas que estaban luchando en tierra.

El general Douglas MacArthur camina por el agua en la costa de Filipinas en octubre de 1944.

Guadalcanal

La batalla de seis meses de Guadalcanal en el Pacífico se combatió en tierra y en el mar. El área que rodea a Guadalcanal está llena de barcos hundidos. Se estima que murieron 20,000 hombres cuando se hundieron estos barcos. Cerca de 24,500 japoneses también murieron en tierra. Fue una batalla terrible.

Un soldado herido en Guadalcanal es conducido a través de la selva a un hospital cercano.

Doolittle hizo mucho por su país

James Doolittle dirigió una misión muy riesgosa en abril de 1942. Llevó 80 hombres y 16 bombarderos a tres ciudades de Japón. Los hombres de Doolittle lanzaron bombas en estas ciudades y rápidamente salieron volando.

Estas bombas hicieron más daño a la **psique** de Japón que a la tierra. Japón se jactaba de que su madre patria era **impenetrable**. Ahora, el mundo había visto que Estados Unidos podía atacar el territorio principal de Japón. Esto aumentó la confianza estadounidense.

Debido a ello, los líderes japoneses hicieron grandes planes. En junio de 1942, los japoneses atacaron la base estadounidense en Midway. Midway es una pequeña isla en el océano Pacífico. Una victoria allí podría dar a Japón el control de Hawái. Y controlar Hawái significaba poder atacar la parte occidental de Estados Unidos.

Los japoneses contaban con que este fuera un ataque sorpresa. Pero los descodificadores estadounidenses trabajaban duro. Las fuerzas armadas de Estados Unidos alistaron sus aviones, contratacaron en la Isla Midway y ganaron la batalla.

Este es uno de los aviones del general Doolittle que despega hacia una misión.

Playas, tierra firme y el final de Hitler

La entrada de Estados Unidos a la guerra dio a los Aliados esperanzas de que podían ganar. Un importante paso para ganar era recuperar Francia de los nazis. En junio de 1944, los Aliados invadieron las playas de Normandía, Francia. Al principio, Hitler estaba entusiasmado con esta batalla. Pero al final del primer día, los Aliados habían aplastado a los nazis en el frente. Durante los meses siguientes, los Aliados lucharon en tierra firme en Francia. Los nazis huyeron.

Entonces, los Aliados enviaron **bombarderos** para atacar ciudades alemanas. Por primera vez en la guerra, la patria alemana estaba bajo ataque. Hitler aún sentía que podía ganar porque tenía a sus seguidores. Llamó a los hombres ancianos y a muchachos para que tomaran las armas y lucharan por Alemania. Hitler les dijo que defendieran la capital, Berlín. Pero era imposible. Los soviéticos ya estaban allí y querían venganza.

A medida que las tropas aliadas se adentraban en áreas controladas por alemanes, hallaban los campos de concentración de Hitler. Había gente muriendo de hambre, cuerpos sin vida y suciedad por todas partes. El mundo quedó horrorizado. Los alemanes se rindieron el 8 de mayo de 1945. Finalmente la guerra había terminado en Europa, pero todavía continuaba en el Pacífico.

El desembarco de Normandía comenzó al amanecer del 6 de junio de 1944. Los primeros hombres en desembarcar en las playas se enfrentaron a un intenso ataque por parte de los alemanes. Miles de hombres murieron. Las fuerzas armadas seguían llegando y finalmente dominaron a los alemanes.

Hitler se suicidó el 30 de abril de 1945.

El final de Hitler

Hitler no pudo enfrentar la deshonra de la derrota. Entonces, se suicidó antes de que los soviéticos lo encontraran.

Mujeres en combate

Las únicas mujeres permitidas en los combates fueron las enfermeras. Estas valientes mujeres ayudaban a los soldados heridos. Uno de los roles más peligrosos para estas mujeres era el de enfermera de vuelo. Las enfermeras de vuelo viajaban en aviones y ayudaban a transportar soldados heridos desde los campos de batalla hasta los hospitales de campaña. Debido a que los aviones podían estrellarse o ser derribados, estas mujeres tenían que ser valientes y estar en muy buen estado físico.

La isla que olía a azufre

Un problema se interpuso en el ataque al territorio principal de Japón. Era una pequeña isla llamada Iwo Jima. La isla está a 750 millas (1,210 km) al sur de Japón. Cuando los bombarderos estadounidenses volaron hacia Japón, los aviones japoneses que despegaban de esta isla los derribaron. Estados Unidos necesitaba tomar esta base para detener los ataques. Entonces, Estados Unidos podría usar la isla como base para sus aviones. Los aviones podrían cargar combustible antes de atacar el territorio principal de Japón.

Los japoneses sabían que los estadounidenses intentarían tomar Iwo Jima. El comandante japonés allí necesitaba **refuerzos** para ganar la batalla. Cuando se enteró de que no vendrían más soldados, supo que no podría evitar la toma de la isla. Su único trabajo entonces era luchar el mayor tiempo posible. Los japoneses habían excavado cuevas profundas directamente dentro del volcán de la isla. Escondieron tanques y cañones en los costados del volcán. Sepultaron miles de minas terrestres en la playa. El comandante japonés desafió a estos hombres a matar al menos 10 estadounidenses antes de morir. Quería que lucharan hasta morir en lugar de rendirse.

La batalla en Iwo Jima fue una lucha cruenta. Murieron miles de hombres de ambos bandos. Después de 34 días, la batalla finalmente terminó. Los estadounidenses habían obtenido una nueva base en el Pacífico. Desde allí, los aviones despegaban exitosamente para lanzar bombas sobre las ciudades japonesas.

Un piloto kamikaze japonés estrella su avión contra la plataforma de un buque de guerra de EE. UU.

Pilotos kamikazes

Los **kamikazes** eran pilotos dispuestos a morir estrellando su avión. Combatían para Japón y volaban sus aviones directamente hacia sus enemigos. Para ellos, rendirse era una deshonra. Menos del cinco por ciento de las tropas japonesas se rindieron.

¿Qué significa *Iwo Jima*?

¿Sabías que *Iwo Jima* significa isla de azufre? La isla fue nombrada por el desagradable olor que proviene del volcán extinto de la isla. Allí, las playas están cubiertas de arena volcánica negra.

Esta imagen tomada en Iwo Jima se usó para recaudar fondos para apoyar la guerra. Los seis hombres de esta fotografía se convirtieron en símbolos de la guerra. Tres de ellos murieron durante la batalla.

Cuando se lanza una bomba atómica

¿Qué ocurre cuando se lanza una bomba atómica? Las ondas expansivas hacen que desaparezca todo a su paso. Los rayos de la **columna térmica** queman a las personas. El fuego quema en todas direcciones, y humo espeso cubre todo el cielo.

Efectos de la radiación

Cientos de miles de japoneses murieron en los años posteriores al lanzamiento de las bombas. La **radiación** de la explosión los enfermó.

Japón se rinde

Agosto de 1945 trajo una destrucción nunca antes vista hasta entonces. Los científicos habían creado una bomba especial mediante la división de átomos. Sabían que era una bomba potente, pero nadie sabía lo poderosa que sería. El presidente Harry S. Truman decidió poner fin a la guerra lanzando la bomba atómica en Japón.

Solo unos días antes de lanzar la bomba atómica, aviones estadounidenses arrojaron volantes sobre Hiroshima. Estos volantes advertían a las personas que dejaran su ciudad, pero nadie escuchó. La bomba se lanzó el 6 de agosto de 1945 por la mañana. Las personas

En Hiroshima, lo que no destruyó la bomba atómica "Little Boy" se quemó por los incendios posteriores a la explosión.

El 9 de agosto de 1945, Estados Unidos lanzó la bomba atómica "Fat Man" sobre Nagasaki, Japón.

estaban en el trabajo y los niños jugaban en las calles. Esta bomba atómica destruyó la ciudad. Más de 70,000 japoneses murieron de inmediato.

Sin novedades de Japón, tres días más tarde, se lanzó otra bomba atómica. Esta vez cayó sobre Nagasaki. Cerca de 40,000 personas murieron al instante. Los líderes japoneses sabían que tenían que dejar de luchar. Su rendición llegó días más tarde. La Segunda Guerra Mundial finalmente había terminado.

Siempre hay un gran costo en una guerra. Aunque hay un lado que se rinde ante otro, nadie gana. La Segunda Guerra Mundial se llevó más de 50 millones de vidas. Personas inocentes perdieron a sus seres queridos, sus hogares y sus vidas. También se abrió el camino para la fabricación y el uso de bombas más mortales. Por estos motivos, la Segunda Guerra Mundial se considera la guerra más mortal de la historia.

Glosario

aislacionistas: personas que quieren que su país se preocupe solo de sus propios problemas y que no se involucre en conflictos externos

ataque relámpago: una estrategia de batalla en la que los aviones lanzan muchas bombas en un ataque sorpresa contra un enemigo antes de que los tanques ataquen

bombarderos: aviones que lanzan bombas en una guerra

campos de concentración: campos donde se retiene a las personas; similares a las prisiones

campos de internamiento: lugares donde se retiene a los prisioneros durante una guerra

ciudadanos: personas que tienen el derecho a vivir en un país por haber nacido allí o personas que han recibido los documentos legales necesarios para vivir en un país

código: un idioma secreto usado para comunicarse a larga distancia

columna térmica: una columna de aire ascendente causada por el calor

descifrado: descodificado o descubierto

dictadores: gobernantes absolutos

embargo: prohibición que realiza un gobierno sobre todo el comercio o parte de este con una nación extranjera

espionaje: espiar en contra de un país

estrella de David: una estrella con forma hexagonal usada como símbolo del judaísmo

esvástica: un símbolo que representaba al Partido Nazi

guetos: suburbios superpoblados donde viven muchas personas en áreas pequeñas

impenetrable: invencible; indestructible

inadecuados: no lo suficientemente buenos

kamikazes: pilotos japoneses que volaban sus aviones hacia objetivos y morían en el impacto

nazi: partido político que controló a Alemania desde 1933 hasta 1945

nuclear: relacionado con el núcleo o centro de un átomo

pacifistas: personas que quieren mantenerse al margen de todas las guerras y dar un buen ejemplo con la esperanza de que otros hagan lo mismo

pacto: un acuerdo

psique: dentro de la mente; la forma en que alguien se siente sobre algo

radiación: ondas de energía de un arma nuclear

reclutamiento: un programa gubernamental para incorporar a las personas a las fuerzas armadas

refuerzos: tropas de respaldo que fortalecen a un ejército

rendirse: dejar de luchar

Índice analítico

Créditos de imágenes

portada Corbis; p.1 Corbis; pág. 4 The Granger Collection, Nueva York; pág. 5 The Granger Collection, Nueva York; pág. 6 Photos.com; pág. 7 (arriba) Photos.com; pág. 7 (abajo) The Granger Collection, Nueva York; págs. 8–9 (abajo) The Granger Collection, Nueva York; pág. 9 (arriba) The Library of Congress; pág. 10 Gary Blakeley/Shutterstock, Inc.; pág. 11 (arriba) Michael Fuery/Shutterstock, Inc.; pág. 11 (centro) The Granger Collection, Nueva York; pág. 11 (abajo) The Library of Congress; págs. 12–13 (arriba) Corbis; págs. 12–13 (abajo) Corbis; pág. 13 The Library of Congress; pág. 14 Bettmann/Corbis; pág. 15 Corbis; págs. 16–17 Corbis; pág. 17 (arriba) The Library of Congress; pág. 17 (abajo) The Woods Publishing Group; pág. 19 (arriba) Corbis; pág. 19 (abajo) The National Archives; pág. 20 The Library of Congress; pág. 21 Wally McNamee/Corbis; pág. 22 (arriba) Corbis; pág. 22 (abajo) The Library of Congress; pág. 23 Corbis; págs. 24–25 The Granger Collection, Nueva York; pág. 25 The Library of Congress; págs. 26–27 (arriba) Keystone/Getty Images; págs. 26–27 (abajo) Corbis; pág. 28 Corbis; págs. 28–29 The Library of Congress